Luna And The Star And Other Bilingual Norwegian-English Stories for Kids

Pomme Bilingual

Published by Pomme Bilingual, 2024.

LUNA AND THE STAR AND OTHER BILINGUAL NORWEGIAN-ENGLISH STORIES FOR KIDS

First edition. September 30, 2024.

Copyright © 2024 Pomme Bilingual.

ISBN: 979-8227121127

Written by Pomme Bilingual.

Table of Contents

Bjørnen og Sommerfuglen

Det var en gang en bjørn som bodde dypt inne i skogen. Han var stor og sterk, men veldig sjenert. Bjørnen likte å være alene, for han var litt redd for å snakke med de andre dyrene. Han trodde kanskje de ville synes han var for klossete eller for stille.

En dag satt bjørnen ved en blomstereng, og en liten sommerfugl fløy forbi. Sommerfuglen var nysgjerrig og fløy rundt bjørnen, som om den ville bli kjent med ham. Bjørnen prøvde å ignorere den først, men sommerfuglen ga ikke opp.

"Hei, hvem er du?" spurte sommerfuglen med sin lille stemme.

Bjørnen mumlet, "Jeg heter Bjørn."

"Så fint! Jeg er Sommerfugl," sa hun muntert. "Hva gjør du her alene?"

"Jeg liker å være alene," svarte bjørnen lavt. "Jeg er ikke så god til å snakke med andre."

Sommerfuglen lo forsiktig. "Det trenger du ikke være redd for. Jeg er jo her nå, og jeg liker å snakke. Kanskje vi kan være venner?"

Bjørnen så skeptisk på henne. "Hvordan kan en stor, tung bjørn som meg være venn med en så liten og lett som deg?"

Sommerfuglen fløy nærmere bjørnens nese og sa: "Vennskap handler ikke om størrelse eller styrke. Det handler om hva som er inni oss. Og jeg tror at du har et stort hjerte, selv om du er sjenert."

Bjørnen smilte litt, for første gang på lenge. "Kanskje du har rett," sa han forsiktig.

Dagene gikk, og bjørnen og sommerfuglen tilbrakte mye tid sammen. Sommerfuglen lærte bjørnen å se skjønnheten i de små tingene, som hvordan blomstene vokser og hvordan vinden leker med bladene. Bjørnen beskyttet sommerfuglen fra sterke vinder og hjalp henne med å finne de beste stedene å hvile.

En dag, mens de var ute på tur, blåste en sterk storm opp. Sommerfuglen ble kastet rundt av vinden, og bjørnen skjønte at han måtte hjelpe henne. Han strakte ut den store poten sin og sa: "Hold deg fast i meg, så skal jeg beskytte deg."

Sommerfuglen fløy til bjørnens pote, og han holdt henne forsiktig. De ventet sammen til stormen stilnet.

"Du reddet meg," sa sommerfuglen stille etterpå.

"Jeg tror vi reddet hverandre," svarte bjørnen. "Du lærte meg at selv om jeg er stor og sterk, er det mot og vennlighet som gjør meg sterkest."

Fra den dagen var bjørnen ikke lenger sjenert. Han visste at selv om han var stor, var det hans vennlighet som gjorde ham til en god venn. Og sommerfuglen visste at hun, selv om hun var liten, var modig nok til å gjøre en forskjell.

The Bear and the Butterfly

Once upon a time, there was a bear who lived deep in the forest. He was big and strong, but very shy. The bear liked to be alone because he was a bit afraid to talk to the other animals. He thought maybe they would find him too clumsy or too quiet.

One day, the bear was sitting by a flower meadow, and a little butterfly flew by. The butterfly was curious and fluttered around the bear, as if she wanted to get to know him. The bear tried to ignore her at first, but the butterfly didn't give up.

"Hi, who are you?" the butterfly asked in her small voice.

The bear mumbled, "My name is Bear."

"How nice! I'm Butterfly," she said cheerfully. "What are you doing here alone?"

"I like being alone," the bear replied quietly. "I'm not very good at talking to others."

The butterfly laughed gently. "You don't need to be afraid of that. I'm here now, and I like talking. Maybe we can be friends?"

The bear looked skeptically at her. "How can a big, heavy bear like me be friends with someone so small and light like you?"

The butterfly flew closer to the bear's nose and said: "Friendship isn't about size or strength. It's about what's inside us. And I think you have a big heart, even if you're shy."

The bear smiled a little, for the first time in a long time. "Maybe you're right," he said cautiously.

Days went by, and the bear and the butterfly spent a lot of time together. The butterfly taught the bear to see the beauty in the small things, like how the flowers grow and how the wind plays with the leaves. The bear protected the butterfly from strong winds and helped her find the best places to rest.

One day, while they were out on a walk, a strong storm blew up. The butterfly was tossed around by the wind, and the bear realized he had to help her. He stretched out his big paw and said, "Hold on to me, and I'll protect you."

The butterfly flew to the bear's paw, and he held her gently. They waited together until the storm passed.

"You saved me," the butterfly said quietly afterward.

"I think we saved each other," replied the bear. "You taught me that even though I'm big and strong, it's courage and kindness that make me the strongest."

From that day on, the bear was no longer shy. He knew that even though he was big, it was his kindness that made him a good friend. And the butterfly knew that even though she was small, she was brave enough to make a difference.

Den Lille Båtens Reise

Dypt inne i en fredelig fjord lå en liten båt som aldri hadde seilt ut på det åpne havet. Den lille båten var redd. Fjorden var trygg, stille, og her kjente den hver bølge og hvert fjell som omga den. Men utenfor fjorden ventet det store, ukjente havet, og det skremte den lille båten.

En dag blåste en myk vind gjennom fjorden, og den hvisket til båten: "Kom, bli med meg. Det er så mye mer å se der ute."

Den lille båten skalv litt. "Men hva om jeg går meg vill? Hva om bølgene blir for store for meg? Jeg er bare en liten båt."

Vinden lo vennlig. "Ikke bekymre deg. Jeg vil blåse forsiktig bak deg og hjelpe deg å finne veien. Og bølgene, de vil ikke skade deg, de vil hjelpe deg."

Båten nølte, men så kom det en bølge og strøk forsiktig mot skroget. "Vi skal bære deg," sa bølgen mykt. "Vi vet at du er redd, men vi er her for å hjelpe deg, akkurat som vi hjelper alle andre båter."

Med vinden som venn og bølgene som støtte, samlet den lille båten mot. Forsiktig begynte den å gli ut av fjorden og mot det åpne havet. Hjertet banket raskt, men vinden blåste rolig og bølgene danset rundt den. Snart begynte båten å føle seg tryggere.

"Hvorfor var jeg så redd?" undret den lille båten. "Dette føles jo bra."

Vinden suste forsiktig i seilene og svarte: "Noen ganger er det skumle ukjente bare starten på et nytt eventyr. Du må bare stole på deg selv."

Den lille båten seilte videre, lenger og lenger bort fra fjorden. Den så nye øyer, høye fjell i det fjerne, og måker som fløy over det store blå havet. Det den hadde fryktet, viste seg å være fullt av skjønnhet og muligheter.

Bølgene bar den lille båten sikkert gjennom vannet. "Se," sa en bølge, "du er sterkere enn du trodde."

Den lille båten smilte. "Jeg trodde jeg bare hørte hjemme i fjorden, men nå vet jeg at jeg kan dra hvor som helst."

Fra den dagen av fryktet den lille båten ikke lenger det ukjente havet. Den lærte at med vinden i ryggen og bølgene ved sin side, kunne den utforske nye horisonter, uten frykt.

The Little Boat's Journey

Deep inside a peaceful fjord lay a little boat that had never sailed out into the open sea. The little boat was afraid. The fjord was safe, quiet, and here it knew every wave and every mountain that surrounded it. But outside the fjord, the vast, unknown ocean waited, and it frightened the little boat.

One day, a gentle wind blew through the fjord, and it whispered to the boat: "Come, join me. There is so much more to see out there."

The little boat trembled a bit. "But what if I get lost? What if the waves are too big for me? I'm just a small boat."

The wind laughed kindly. "Don't worry. I will blow gently behind you and help you find your way. And the waves, they won't harm you—they will help you."

The boat hesitated, but then a wave softly brushed against its hull. "We will carry you," the wave said gently. "We know you're scared, but we're here to help you, just as we help all the other boats."

With the wind as a friend and the waves as support, the little boat gathered courage. Carefully, it began to glide out of the fjord and towards the open sea. Its heart was beating fast, but the wind blew calmly, and the waves danced around it. Soon, the boat started to feel more confident.

"Why was I so afraid?" the little boat wondered. "This actually feels good."

The wind gently rustled through the sails and replied: "Sometimes the scary unknown is just the start of a new adventure. You just have to trust yourself."

The little boat sailed on, farther and farther away from the fjord. It saw new islands, tall mountains in the distance, and seagulls flying over the vast blue sea. What it had feared turned out to be full of beauty and possibilities.

The waves carried the little boat safely through the water. "See," said a wave, "you're stronger than you thought."

The little boat smiled. "I thought I only belonged in the fjord, but now I know I can go anywhere."

From that day on, the little boat no longer feared the unknown sea. It learned that with the wind at its back and the waves by its side, it could explore new horizons, without fear.

Luna og Stjernen

Luna var en ung jente som elsket å stirre opp på nattehimmelen. Hver kveld satt hun ved vinduet og så på stjernene blinke langt der oppe. En natt, da himmelen var spesielt klar, så Luna noe uvanlig. En liten stjerne falt ned fra himmelen og landet i hagen hennes.

Luna løp ut for å se, og der, blant blomstene, lå den lille stjernen og glødet svakt. "Er du en stjerne?" spurte Luna forsiktig.

Stjernen blinket svakt og svarte med en myk stemme: "Ja, men jeg har falt ned fra himmelen, og nå vet jeg ikke hvordan jeg skal komme meg tilbake."

Luna satte seg ved siden av stjernen. "Kanskje jeg kan hjelpe deg," sa hun. "Vi kan finne en måte å få deg hjem på."

Stjernen så på henne med undring. "Tror du virkelig vi kan klare det? Jeg føler meg så liten og svak her nede på jorden."

Luna nikket bestemt. "Vi må bare tro på det. Hvis vi tror på oss selv, kan vi klare det."

De bestemte seg for å legge ut på en reise for å finne veien tilbake til stjernehimmelen. Luna tok stjernen forsiktig i hendene, og sammen begynte de å gå gjennom skogen. De spurte trærne om de visste hvordan man kunne nå himmelen, men trærne bare ristet på hodet. De spurte fuglene, men fuglene fløy for høyt til å høre dem.

Luna og stjernen begynte å føle seg litt motløse, men Luna ga ikke opp. "Vi må fortsette å prøve," sa hun. "Noen ganger tar det tid å finne riktig vei."

Etter en stund kom de til en elv, hvor måneskinnet speilet seg i vannet. "Kanskje månen vet veien," sa stjernen håpefullt.

Luna ropte opp til månen: "Kjære måne, kan du hjelpe oss? Vi må finne veien tilbake til himmelen."

Månen strålte ned mot dem og svarte med en rolig stemme: "Dere er allerede på rett vei. Det dere trenger er å tro på deres egen styrke. Stjernen kan lyse sterkere hvis den husker hva den er i stand til."

Luna smilte til stjernen. "Du hørte hva månen sa. Du har kraften inni deg til å lyse sterkt igjen. Du må bare tro på deg selv."

Stjernen nølte litt, men så begynte den å gløde sterkere. Gradvis lyste den mer og mer, til den skinte som den pleide å gjøre på himmelen.

"Jeg kan føle det," sa stjernen med glede. "Jeg husker nå hvem jeg er!"

Månen sendte et mildt lys ned på stjernen, og med et siste glimt svevde stjernen oppover, høyere og høyere, til den igjen var på himmelen blant de andre stjernene.

Luna vinket opp mot himmelen, og stjernen blinket tilbake til henne. "Takk, Luna," sa stjernen. "Jeg ville aldri ha klart det uten deg."

Luna smilte og svarte: "Vi klarte det sammen, fordi vi trodde på oss selv."

Fra den dagen av visste Luna at uansett hvor vanskelig noe kan virke, kan man alltid finne veien hvis man tror på seg selv. Og hver natt, når hun så opp på himmelen, kunne hun se stjernen sin blinke tilbake, som et lys av håp.

Luna and the Star

Luna was a young girl who loved to gaze up at the night sky. Every evening, she sat by the window and watched the stars twinkle far above. One night, when the sky was especially clear, Luna saw something unusual. A little star fell from the sky and landed in her garden.

Luna ran outside to look, and there, among the flowers, lay the small star glowing faintly. "Are you a star?" Luna asked gently.

The star blinked faintly and answered in a soft voice: "Yes, but I've fallen from the sky, and now I don't know how to get back."

Luna sat down next to the star. "Maybe I can help you," she said. "We can find a way to get you home."

The star looked at her in wonder. "Do you really think we can do it? I feel so small and weak down here on Earth."

Luna nodded firmly. "We just have to believe in it. If we believe in ourselves, we can do it."

They decided to embark on a journey to find the way back to the starry sky. Luna carefully picked up the star, and together they began to walk through the forest. They asked the trees if they knew how to reach the sky, but the trees only shook their heads. They asked the birds, but the birds flew too high to hear them.

Luna and the star began to feel a bit discouraged, but Luna didn't give up. "We have to keep trying," she said. "Sometimes it takes time to find the right path."

After a while, they came to a river where the moonlight was reflected in the water. "Maybe the moon knows the way," the star said hopefully.

Luna called up to the moon: "Dear moon, can you help us? We need to find the way back to the sky."

The moon shone down on them and answered in a calm voice: "You are already on the right path. What you need is to believe in your own strength. The star can shine brighter if it remembers what it's capable of."

Luna smiled at the star. "You heard what the moon said. You have the power within you to shine brightly again. You just have to believe in yourself."

The star hesitated a little, but then it began to glow stronger. Gradually, it shone more and more, until it sparkled just as it had in the sky.

"I can feel it," the star said with joy. "Now I remember who I am!"

The moon sent down a gentle light onto the star, and with one last sparkle, the star floated upward, higher and higher, until it was back in the sky among the other stars.

Luna waved up at the sky, and the star blinked back at her. "Thank you, Luna," said the star. "I never would have made it without you."

Luna smiled and replied, "We did it together because we believed in ourselves."

From that day on, Luna knew that no matter how difficult something might seem, you can always find the way if you believe in yourself. And every night, when she looked up at the sky, she could see her star twinkling back, like a light of hope.

Reven og Treet

Dypt inne i skogen levde en lur liten rev. Han var alltid ute etter å finne nye måter å ha det gøy på, og han hadde liten tålmodighet for noe som ikke skjedde raskt. En dag, mens han sprang rundt og lette etter mat, kom han over et gammelt tre med tykke greiner og dype røtter.

"Hei, tre!" ropte reven. "Du står bare der hele dagen. Hvordan orker du å ikke gjøre noe?"

Det gamle treet raslet med bladene og svarte rolig: "Jeg gjør mer enn du tror, lille rev. Jeg vokser, jeg beskytter, og jeg venter. Alt har sin tid."

Reven fnyste. "Vent? Hvem har tid til å vente? Jeg liker å få ting gjort raskt. Se, jeg kan løpe over hele skogen på et blunk!"

Det gamle treet smilte mildt. "Det er sant at du kan løpe fort, men det finnes en skjønnhet i å ta seg tid og la ting skje i sitt eget tempo. Du skal se hvordan årstidene forandrer alt."

Reven satt seg ned ved treet, nysgjerrig, men fortsatt utålmodig. "Hva mener du med årstidene?"

"Se på meg," sa treet. "Nå, om høsten, slipper jeg mine blader for å forberede meg til vinteren. Jeg blir bar og stille, men jeg vet at våren vil komme igjen, og da vil jeg blomstre på nytt. Tålmodighet, min venn, er nøkkelen til å forstå naturens rytme."

Reven så seg rundt. Han hadde aldri tenkt på hvordan skogen forandret seg med årstidene. "Men hvorfor må du vente så lenge? Kan du ikke bare blomstre nå?"

"Alt til sin tid," svarte treet. "Våren kan ikke komme før vinteren har vært her. Sommeren kan ikke blomstre uten våren først. Ting må utvikle seg gradvis."

Reven rynket pannen. Han likte ikke tanken på å vente. "Jeg liker ikke å vente," sa han bestemt.

Treet raslet igjen. "Det er nettopp derfor du må lære det. Du kan ha det gøy mens du venter, men noen ganger er det viktig å være tålmodig og la ting skje når de skal."

Ukene gikk, og reven kom tilbake til treet flere ganger. Han la merke til hvordan bladene falt, og hvordan skogen ble kaldere. Han la også merke til hvordan det føltes å vente og observere, i stedet for å bare skynde seg rundt.

En dag, da vinteren kom, satt reven ved treet igjen. "Du hadde rett," sa han stille. "Det er noe vakkert med å se hvordan alt forandrer seg over tid. Jeg trodde aldri jeg skulle like å vente."

Treet svarte med en mild tone: "Tålmodighet er en gave, lille rev. Med tid kommer forståelse, og med forståelse kommer glede."

Reven smilte. "Kanskje jeg skal lære å være litt mer som deg, tre. Kanskje det å vente ikke er så ille likevel."

Da våren kom og treet begynte å blomstre igjen, så reven på de nye grønne bladene med en ny forståelse. Han hadde lært at selv om ting ikke alltid skjer med en gang, kan de vakreste tingene ta tid.

The Fox and the Tree

Deep in the forest lived a clever little fox. He was always looking for new ways to have fun, and he had little patience for anything that didn't happen quickly. One day, while he was running around looking for food, he came across an old tree with thick branches and deep roots.

"Hey, tree!" shouted the fox. "You just stand there all day. How can you bear to do nothing?"

The old tree rustled its leaves and calmly replied: "I do more than you think, little fox. I grow, I protect, and I wait. Everything has its time."

The fox snorted. "Wait? Who has time to wait? I like to get things done fast. Look, I can run across the whole forest in the blink of an eye!"

The old tree smiled gently. "It's true that you can run fast, but there is beauty in taking your time and letting things happen at their own pace. You'll see how the seasons change everything."

The fox sat down by the tree, curious but still impatient. "What do you mean by the seasons?"

"Look at me," said the tree. "Now, in the autumn, I'm shedding my leaves to prepare for winter. I become bare and quiet, but I know that spring will come again, and then I'll bloom anew. Patience, my friend, is the key to understanding nature's rhythm."

The fox looked around. He had never thought about how the forest changed with the seasons. "But why do you have to wait so long? Can't you just bloom now?"

"Everything in its own time," replied the tree. "Spring can't come before winter has passed. Summer can't bloom without spring first. Things need to develop gradually."

The fox frowned. He didn't like the idea of waiting. "I don't like waiting," he said firmly.

The tree rustled again. "That's exactly why you need to learn it. You can have fun while you wait, but sometimes it's important to be patient and let things happen when they're meant to."

Weeks passed, and the fox came back to the tree several times. He noticed how the leaves fell, and how the forest grew colder. He also noticed how it felt to wait and observe, instead of just rushing around.

One day, when winter came, the fox sat by the tree again. "You were right," he said quietly. "There's something beautiful about watching how everything changes over time. I never thought I'd enjoy waiting."

The tree answered in a soft tone: "Patience is a gift, little fox. With time comes understanding, and with understanding comes joy."

The fox smiled. "Maybe I should learn to be a bit more like you, tree. Maybe waiting isn't so bad after all."

When spring came and the tree began to bloom again, the fox looked at the new green leaves with a new understanding. He had learned that even though things don't always happen right away, the most beautiful things take time.

Den lille ugla og natten

Det var en gang en liten ugle som var redd for mørket. Hver natt, når solen gikk ned og skogen ble mørklagt, krøp den lille ugla sammen i redet sitt og lukket øynene stramt igjen. Han likte ikke skyggene som danset mellom trærne, eller den kalde, stille luften som fylte natten.

En kveld, mens han satt og skalv i redet sitt, hørte han en mild, myk stemme. "Hvorfor er du så redd, lille ugle?"

Ugla åpnet øynene forsiktig og så opp. Der oppe, høyt på himmelen, skinte månen ned mot ham, stor og lys.

"Jeg... jeg liker ikke mørket," svarte ugla nervøst. "Det er så stort og skummelt, og jeg vet ikke hva som er der ute."

Månen smilte vennlig. "Men mørket er ikke noe å frykte. Se rundt deg, lille ugle, natten har sine egne underverker. La meg vise deg."

Månen sendte et lys ned på skogen, og sakte begynte ugla å se ting han ikke hadde lagt merke til før. Skyggene som en gang virket så skumle, var bare trærne som svaiet rolig i vinden. Vinden bar med seg milde hviskinger fra bladene, og natten var fylt med lyden av små skapninger som beveget seg stille gjennom gresset.

"Se på stjernene," sa månen og pekte mot himmelen. "De er her for å holde deg med selskap. De lyser opp natten, akkurat som jeg gjør."

Ugla tittet opp mot stjernene. De blinket forsiktig, som om de hilste på ham. "De er så vakre," sa ugla forundret.

"Ja," svarte månen, "og de minner oss på at selv i mørket finnes det lys. Natten er full av undere hvis du bare gir den en sjanse."

Ugla begynte å føle seg litt bedre. Han strakte vingene sine og fløy forsiktig ut av redet. Luften var kjølig, men frisk, og han kunne kjenne hvordan natten omsluttet ham, ikke med frykt, men med en rolig stillhet.

"Hva er det der borte?" spurte ugla og så mot horisonten hvor trærne møtte himmelen.

"Det er horisonten," svarte månen. "Når natten er over, vil solen stige opp igjen der borte. Men for nå, nyt natten og dens magi."

Ugla fløy gjennom skogen, og for første gang følte han seg ikke redd. Han kunne høre uglesangen fra de andre uglene, han kunne se små dyr som krøp frem fra sine skjulesteder, og han kunne føle natten som en venn, ikke en fiende.

Da ugla fløy tilbake til redet sitt, var han ikke lenger redd for mørket. "Takk, kjære måne," sa han stille. "Du har vist meg at natten er vakker."

Månen smilte og lyste klart. "Husk, lille ugle, selv når mørket kommer, vil det alltid være lys. Du trenger bare å åpne øynene og se."

Fra den dagen av gledet den lille ugla seg til natten. Han visste at månen og stjernene alltid ville være der for å holde ham med selskap, og han hadde lært at natten hadde sine egne vidunderlige hemmeligheter.

The Little Owl and the Night

Once upon a time, there was a little owl who was afraid of the dark. Every night, when the sun went down and the forest became dark, the little owl would curl up in its nest and squeeze its eyes shut tightly. He didn't like the shadows that danced between the trees, or the cold, quiet air that filled the night.

One evening, as he sat trembling in his nest, he heard a soft, gentle voice. "Why are you so scared, little owl?"

The owl cautiously opened his eyes and looked up. There, high in the sky, the moon was shining down on him, large and bright.

"I... I don't like the dark," the owl said nervously. "It's so big and scary, and I don't know what's out there."

The moon smiled kindly. "But the dark is nothing to fear. Look around you, little owl, the night has its own wonders. Let me show you."

The moon cast its light down onto the forest, and slowly the owl began to see things he hadn't noticed before. The shadows that once seemed so frightening were just the trees swaying gently in the wind. The wind carried soft whispers from the leaves, and the night was filled with the sound of small creatures moving quietly through the grass.

"Look at the stars," said the moon, pointing towards the sky. "They are here to keep you company. They light up the night, just as I do."

The owl looked up at the stars. They twinkled gently, as if greeting him. "They're so beautiful," the owl said in wonder.

"Yes," replied the moon, "and they remind us that even in the darkness, there is light. The night is full of wonders if you only give it a chance."

The owl began to feel a little better. He stretched his wings and carefully flew out of the nest. The air was cool, but fresh, and he could feel the night surrounding him, not with fear, but with a calm stillness.

"What's that over there?" asked the owl, looking towards the horizon where the trees met the sky.

"That's the horizon," answered the moon. "When the night is over, the sun will rise there again. But for now, enjoy the night and its magic."

The owl flew through the forest, and for the first time, he didn't feel afraid. He could hear the songs of other owls, see small animals creeping out from their hiding places, and feel the night as a friend, not an enemy.

When the owl flew back to his nest, he was no longer afraid of the dark. "Thank you, dear moon," he said quietly. "You've shown me that the night is beautiful."

The moon smiled and shone brightly. "Remember, little owl, even when the darkness comes, there will always be light. You just need to open your eyes and see."

From that day on, the little owl looked forward to the night. He knew that the moon and the stars would always be there to keep him company, and he had learned that the night had its own wonderful secrets.

Isbjørnen og Snøfnuggene

En kald vinterdag, da snøen dalte ned fra himmelen, satt en stor, hvit isbjørn på en isbre og så på snøfnuggene som danset i luften. Hver enkelt snøfnugg var forskjellig, med unike former og mønstre som glitret i sollyset.

Plutselig så isbjørnen et lite snøfnugg som fløt forbi, og han ropte: "Hei, lille snøfnugg! Hva gjør du her oppe i luften?"

Snøfnugget svevde ned mot isbjørnen og svarte: "Jeg faller ned for å bli en del av den vakre, hvite teppete som dekker jorden. Men jeg er litt bekymret. Hva om jeg ikke er spesiell nok?"

Isbjørnen smilte vennlig. "Men hver snøfnugg er unik! Ingen er lik, akkurat som ingen mennesker er lik. Din form og mønster er en del av det som gjør deg spesiell."

Snøfnugget så overrasket ut. "Virkelig? Men hvordan kan jeg være unik når det er så mange av oss som faller fra himmelen?"

Isbjørnen svarte: "Selv om det finnes mange snøfnugg, har hver enkelt sin egen historie. Du har reist en lang vei fra skyene, og nå har du muligheten til å falle og bli en del av noe større."

"Men hva hvis jeg smelter bort?" spurte snøfnugget nervøst.

"Det er en naturlig del av livet," forklarte isbjørnen. "Alt forandrer seg. Selv jeg, som en stor isbjørn, vil en dag måtte gå videre. Men det som betyr noe er det vi gir til verden mens vi er her. Du kan bringe glede til de som ser deg danse i luften."

Snøfnugget følte seg litt bedre nå. "Så jeg skal bare være meg selv?"

"Ja!" svarte isbjørnen. "Når du er deg selv, vil du alltid være spesiell. Omfavn din unike skjønnhet og vær stolt av den."

Snøfnugget glitret i sollyset og smilte. "Takk, isbjørn! Jeg skal huske at jeg er unik, akkurat som alle andre snøfnugg."

Isbjørnen så på det lille snøfnugget som svevde ned mot bakken. "Husk at du bringer skjønnhet til verden, og at det er viktig å feire forskjellene mellom oss. Uten dem ville verden vært et kjedelig sted."

Da snøfnugget landet på bakken, følte det seg lett og glad. Det visste at det var en del av noe stort og vakkert, akkurat som isbjørnen sa.

The Polar Bear and the Snowflakes

On a cold winter day, as the snow fell from the sky, a large, white polar bear sat on an ice floe and watched the snowflakes dancing in the air. Each snowflake was different, with unique shapes and patterns sparkling in the sunlight.

Suddenly, the polar bear saw a little snowflake floating by and called out, "Hey, little snowflake! What are you doing up here in the air?"

The snowflake floated down towards the polar bear and replied, "I'm falling down to become part of the beautiful white blanket that covers the earth. But I'm a little worried. What if I'm not special enough?"

The polar bear smiled kindly. "But every snowflake is unique! None are the same, just like no two people are alike. Your shape and pattern are part of what makes you special."

The snowflake looked surprised. "Really? But how can I be unique when there are so many of us falling from the sky?"

The polar bear replied, "Even though there are many snowflakes, each one has its own story. You've traveled a long way from the clouds, and now you have the opportunity to fall and become part of something bigger."

"But what if I melt away?" the snowflake asked nervously.

"That's a natural part of life," explained the polar bear. "Everything changes. Even I, as a large polar bear, will one day have to move on. But what matters is what we give to the world while we're here. You can bring joy to those who see you dance in the air."

The snowflake began to feel a little better. "So I should just be myself?"

"Yes!" replied the polar bear. "When you are yourself, you will always be special. Embrace your unique beauty and be proud of it."

The snowflake sparkled in the sunlight and smiled. "Thank you, polar bear! I will remember that I am unique, just like all the other snowflakes."

The polar bear watched the little snowflake as it floated down towards the ground. "Remember that you bring beauty to the world, and it's important to celebrate our differences. Without them, the world would be a boring place."

When the snowflake landed on the ground, it felt light and happy. It knew that it was part of something great and beautiful, just as the polar bear had said.

Elven og Steinen

Det var en gang en stor stein som lå midt i en brusende elv. Hver dag så den på vannet som strømmet forbi, og den følte seg helt unyttig. "Hva gjør jeg her?" tenkte steinen. "Jeg er bare en tung klump, og elven vil aldri legge merke til meg."

Elven fløt forbi med en livlig hvisking. "Hei, stein! Hvorfor ser du så trist ut?"

Steinen svarte med et sukk, "Jeg føler meg så meningsløs. Jeg kan ikke flyte som deg. Jeg kan ikke gjøre noe spennende."

Elven lo mildt. "Men det er ikke meningen å flyte. Du har en viktig rolle å spille!"

Steinen rynket pannen. "En viktig rolle? Hvordan kan jeg være viktig når jeg bare ligger her?"

Elven strømmende rundt steinen og sa, "Se på meg! Jeg ville vært en helt annen uten deg. Du former strømmen min. Når vannet treffer deg, blir det delt, og det skaper små bølger og strømmer. Du bidrar til min vei!"

Steinen begynte å forstå. "Men det ser ikke ut som jeg gjør noe stort."

"Selv de små tingene har stor betydning," forklarte elven. "Hver gang jeg renner forbi deg, minner du meg om å fortsette fremover, selv når jeg møter hindringer. Du er en del av min reise."

Tiden gikk, og steinen begynte å legge merke til forandringene. Når elven fløt rundt den, skapte den et nydelig mønster av bølger. Fiske svømte forbi, og fugler kom for å drikke av elven. Steinen innså at den, selv om den var stillestående, faktisk påvirket livet rundt seg.

En dag, etter mange år, begynte elven å forme seg rundt steinen. "Se, nå ser jeg hvordan jeg har blitt en del av deg," sa elven med glede. "Din utholdenhet har hjulpet meg til å bli sterkere. Du har fått meg til å lære om tålmodighet og styrke."

Steinen smilte for første gang. "Jeg har kanskje ikke flytt, men jeg har lært at jeg kan gjøre en forskjell. Jeg har vært med på å forme deg, elv."

Elven sprutet av glede og sa, "Ja! Du har lært meg at selv det som ser ubetydelig ut, kan ha en stor innvirkning. Takk for at du er her, stein!"

Fra den dagen av følte steinen seg aldri mer ubrukelig. Den forsto at selv om den ikke kunne flyte som elven, hadde den sin egen spesielle rolle i livets store elv.

The River and the Rock

Once upon a time, there was a large rock lying in the middle of a rushing river. Every day, it watched the water flow past, and it felt completely useless. "What am I doing here?" thought the rock. "I'm just a heavy lump, and the river will never notice me."

The river flowed by with a lively whisper. "Hey, rock! Why do you look so sad?"

The rock replied with a sigh, "I feel so pointless. I can't float like you. I can't do anything exciting."

The river laughed gently. "But it's not meant for you to float. You have an important role to play!"

The rock furrowed its brow. "An important role? How can I be important when I'm just lying here?"

The river flowed around the rock and said, "Look at me! I would be completely different without you. You shape my current. When the water hits you, it gets divided, creating small waves and currents. You contribute to my path!"

The rock began to understand. "But it doesn't seem like I'm doing anything big."

"Even the small things matter greatly," explained the river. "Every time I flow past you, you remind me to keep moving forward, even when I encounter obstacles. You are a part of my journey."

Time passed, and the rock began to notice the changes. As the river flowed around it, it created a beautiful pattern of waves. Fish swam by, and birds came to drink from the river. The rock realized that, although it was stationary, it actually affected the life around it.

One day, after many years, the river began to shape itself around the rock. "Look, now I see how I've become a part of you," said the river joyfully. "Your persistence has helped me become stronger. You've taught me about patience and strength."

The rock smiled for the first time. "I may not float, but I've learned that I can make a difference. I have helped shape you, river."

The river splashed with joy and said, "Yes! You've taught me that even what seems insignificant can have a great impact. Thank you for being here, rock!"

From that day on, the rock never felt useless again. It understood that even though it couldn't float like the river, it had its own special role in the great river of life.

Haren og Vinden

En solfylt vårdag bestemte en rask hare seg for å utfordre vinden til et kappløp. "Jeg er den raskeste skapningen i skogen," tenkte haren stolt. "Ingen kan slå meg!"

Vinden, som alltid var lekende, svarte med en lav latter. "Åh, men hare, la oss se hvor raskt du virkelig er!"

De bestemte seg for å kappe fra den store eiken til den gamle steinen ved elven. "Klar? Sett i gang!" ropte vinden, og med det suste haren avgårde som et lyn.

Haren sprøytet forbi trærne, og vinden raste etter, blåste rundt hjørnene og hvisket i gresset. Men snart begynte haren å føle seg sliten. Den stoppet for å ta et øyeblikk til å puste, og mens den så på det vakre landskapet rundt seg, innså den at det var mer enn bare å vinne.

"Hvorfor haster jeg så?" tenkte haren. "Det er så mye vakkert å se og nyte!"

Haren begynte å se på blomstene som blomstret, insekt som fløy, og fugler som kvitre. Den tok seg tid til å lukte på blomstene og nyte solen som skinte ned.

Samtidig blåste vinden forbi med stor fart, men den så haren stoppe opp og ta seg tid. "Hare, hvorfor stopper du? Du vil tape løpet!" ropte vinden.

Haren smilte. "Jeg har lært at det er mer ved livet enn bare å vinne. Jeg vil nyte reisen."

Vinden ble stille i et øyeblikk og reflekterte over hva haren sa. "Kanskje du har rett," hvisket vinden. "Noen ganger er det viktigere å nyte øyeblikkene enn å nå målet raskt."

Da haren endelig bestemte seg for å fortsette løpet, var den ikke lenger bekymret for å vinne. Den beveget seg i sitt eget tempo, nyte hvert skritt.

Vinden, som vanligvis var rask, begynte å ta det litt roligere. Den suset forsiktig forbi haren, og sammen skapte de en harmonisk dans av fart og langsomhet.

Til slutt nådde de steinen ved elven. Haren, som hadde hatt en vakker dag, smilte til vinden. "Det viktigste er ikke hvem som vant, men de minnene vi skapte sammen."

Vinden smilte tilbake. "Ja, du har rett, kjære hare. Noen ganger er de største seirene de vi opplever langs veien."

Fra den dagen av ble haren og vinden nære venner. De lærte begge at livet handler om mer enn bare hastverk – det handler om å nyte øyeblikkene og verdsette reisen.

The Hare and the Wind

On a sunny spring day, a quick hare decided to challenge the wind to a race. "I am the fastest creature in the forest," the hare thought proudly. "No one can beat me!"

The wind, always playful, responded with a soft laugh. "Oh, but hare, let's see just how fast you really are!"

They agreed to race from the large oak tree to the old stone by the river. "Ready? Go!" shouted the wind, and with that, the hare shot off like a lightning bolt.

The hare dashed past the trees, and the wind rushed after it, blowing around corners and whispering in the grass. But soon, the hare began to feel tired. It stopped to take a moment to breathe, and as it looked at the beautiful landscape around it, it realized that there was more to life than just winning.

"Why am I rushing so?" thought the hare. "There is so much beauty to see and enjoy!"

The hare began to observe the blooming flowers, the insects flying, and the birds chirping. It took the time to smell the flowers and enjoy the sun shining down.

Meanwhile, the wind rushed by quickly, but it saw the hare stop and take its time. "Hare, why are you stopping? You're going to lose the race!" shouted the wind.

The hare smiled. "I've learned that there is more to life than just winning. I want to enjoy the journey."

The wind fell silent for a moment and reflected on what the hare had said. "Maybe you're right," whispered the wind. "Sometimes it's more important to enjoy the moments than to reach the finish line quickly."

When the hare finally decided to continue the race, it was no longer worried about winning. It moved at its own pace, savoring each step.

The wind, usually fast, began to slow down a bit. It gently whirled past the hare, and together they created a harmonious dance of speed and slowness.

Finally, they reached the stone by the river. The hare, having had a lovely day, smiled at the wind. "The most important thing is not who won, but the memories we created together."

The wind smiled back. "Yes, you're right, dear hare. Sometimes the greatest victories are the ones we experience along the way."

From that day on, the hare and the wind became close friends. They both learned that life is about more than just haste—it's about enjoying the moments and cherishing the journey.

Den Lille Pingvinens Ønske

Det var en gang en liten pingvin som het Petter. Petter bodde i et stort, kaldt rike av is og snø, der alle pingvinene samlet seg for å fiske og leke. Men Petter hadde alltid ett stort ønske: han ville så gjerne kunne fly som de andre fuglene.

En dag, mens Petter så opp på fuglene som svevde høyt over hodet, sukkede han: "Åh, hvis bare jeg kunne fly! Livet ville vært så mye mer spennende."

En gammel, vis sjøfugl som fløy forbi, hørte Petter og sa: "Kjære pingvin, hvorfor ønsker du å fly? Du har dine egne spesielle evner."

Petter så overrasket ut. "Spesielle evner? Jeg er bare en pingvin. Jeg kan ikke fly!"

Sjøfuglen fløy nærmere og smilte. "Men du er en fantastisk svømmer! Ingen svømmer som deg. Du kan dykke dypt ned i havet og utforske en verden som andre fugler ikke kan."

Petter tenkte over det sjøfuglen sa. "Men jeg vil så gjerne sveve blant skyene og se verden fra oven," sa han trist.

Sjøfuglen svarte: "Det er sant at flyging er vakkert, men husk at hver skapning har sine unike gaver. La meg vise deg noe."

Sjøfuglen ledet Petter til kanten av en isbre. "Se ned i vannet," sa sjøfuglen.

Petter så ned og så seg selv svømme under vann. "Wow! Se på meg! Jeg svømmer så raskt!" utbrøt han, overrasket over hvor elegant han så ut.

"Ja, se hvor mye glede du har når du svømmer!" sa sjøfuglen. "Du kan leke og fange fisk på måter som andre fugler bare kan drømme om."

Petter begynte å forstå. "Kanskje det å være pingvin ikke er så verst," tenkte han. "Jeg har venner, og jeg kan svømme, leke og ha det gøy!"

Den gamle sjøfuglen nikket. "Akkurat! Du må feire hvem du er. Flyging er flott, men det betyr ikke at du ikke er spesiell. Ditt liv har sine egne fantastiske eventyr."

Fra den dagen av begynte Petter å sette pris på livet som pingvin. Han dykket og svømte med vennene sine, oppdaget skjulte undervannskreaturer og lekte i de kalde bølgene.

Petter innså at han hadde en helt unik plass i verden, akkurat som de flygende fuglene. "Jeg trenger ikke å fly for å være spesiell," sa han med et smil.

Og slik, med hjertet fullt av glede, svømte Petter bort fra bredden, glad for å være akkurat den han var.

The Little Penguin's Wish

Once upon a time, there was a little penguin named Petter. Petter lived in a large, cold kingdom of ice and snow, where all the penguins gathered to fish and play. But Petter had one big wish: he really wanted to fly like the other birds.

One day, while Petter watched the birds soaring high above, he sighed, "Oh, if only I could fly! Life would be so much more exciting."

An old, wise seabird flying by heard Petter and said, "Dear penguin, why do you wish to fly? You have your own special abilities."

Petter looked surprised. "Special abilities? I'm just a penguin. I can't fly!"

The seabird flew closer and smiled. "But you are a fantastic swimmer! No one swims like you. You can dive deep into the ocean and explore a world that other birds cannot."

Petter thought about what the seabird said. "But I really want to soar among the clouds and see the world from above," he said sadly.

The seabird replied, "It's true that flying is beautiful, but remember that every creature has its unique gifts. Let me show you something."

The seabird led Petter to the edge of an ice shelf. "Look down into the water," said the seabird.

Petter looked down and saw himself swimming underwater. "Wow! Look at me! I'm swimming so fast!" he exclaimed, surprised at how elegant he looked.

"Yes, see how much joy you have when you swim!" said the seabird. "You can play and catch fish in ways that other birds can only dream of."

Petter began to understand. "Maybe being a penguin isn't so bad," he thought. "I have friends, and I can swim, play, and have fun!"

The old seabird nodded. "Exactly! You must celebrate who you are. Flying is great, but that doesn't mean you aren't special. Your life has its own wonderful adventures."

From that day on, Petter began to appreciate life as a penguin. He dove and swam with his friends, discovered hidden underwater creatures, and played in the cold waves.

Petter realized that he had a completely unique place in the world, just like the flying birds. "I don't need to fly to be special," he said with a smile.

And so, with a heart full of joy, Petter swam away from the shore, happy to be exactly who he was.

Hvalen og Skallet

I de dype, blå havene bodde det en stor, majestetisk hval ved navn Hilda. Hilda var kjent for sin enorme størrelse og vakre sang, men hun følte ofte seg ensom i det store havet. Hun svømte rundt og lette etter noe spesielt som kunne gjøre henne glad.

En dag, mens hun utforsket den gyldne sanden på havbunnen, oppdaget hun noe glitrende. Nysgjerrig svømte hun nærmere. Det var et lite skall, vakkert formet og farget i de mest fantastiske nyanser av rosa og lilla.

"Åh, hva er dette?" spurte Hilda og løftet skallet med sin store finn. "Så lite og vakkert!"

Hun holdt skallet opp mot lyset fra solens stråler som silte gjennom vannet. Skallet glitret som stjerner, og Hilda kunne ikke hjelpe for å beundre det. "Hvordan kan noe så lite være så vakkert?" tenkte hun.

Da hvalen beundret skallet, kom en liten fisk forbi. "Hei, Hilda! Hva ser du på?" spurte fisken.

Hilda smilte. "Se på dette vakre skallet! Er ikke det fantastisk?"

Fisken svømte nærmere og så på skallet. "Ja, det er vakkert, men hva kan noe så lite bety for en stor hval som deg?"

Hilda tenkte seg om. "Jeg vet ikke," sa hun. "Men jeg føler at det har en spesiell betydning."

Litt senere, mens Hilda svømte med skallet, la hun merke til hvordan små skapninger kom for å beundre det. Små reker og farverige fisk svømte rundt henne, tiltrukket av det glitrende skallet. Hilda innså at selv om hun var stor, kunne hun dele sin glede med de små skapningene rundt seg.

"Se, Hilda! Skallet gjør oss alle glade," sa fisken. "Det minner oss om at vakre ting kan komme i alle størrelser."

Hilda nikket. "Du har rett! Jeg trodde jeg måtte finne noe stort for å være lykkelig, men dette lille skallet har brakt så mye glede."

Fra den dagen av tok Hilda alltid skallet med seg. Hun svømte fra rev til rev, og delte sin glede med alle hun møtte. Skallet ble et symbol på skjønnhet og vennskap i havet, og Hilda lærte at selv de minste tingene kan ha stor betydning.

Og slik, med skallet under vann, svømte Hilda gjennom havet, fylt med glede over de små tingene i livet.

The Whale and the Shell

In the deep, blue oceans lived a large, majestic whale named Hilda. Hilda was known for her enormous size and beautiful song, but she often felt lonely in the vast sea. She swam around looking for something special that could make her happy.

One day, while exploring the golden sand on the ocean floor, she discovered something shimmering. Curious, she swam closer. It was a small shell, beautifully shaped and colored in the most fantastic shades of pink and purple.

"Oh, what is this?" Hilda asked as she lifted the shell with her large fin. "So small and beautiful!"

She held the shell up to the light of the sun's rays filtering through the water. The shell sparkled like stars, and Hilda couldn't help but admire it. "How can something so small be so beautiful?" she thought.

As the whale admired the shell, a little fish swam by. "Hi, Hilda! What are you looking at?" asked the fish.

Hilda smiled. "Look at this beautiful shell! Isn't it wonderful?"

The fish swam closer and looked at the shell. "Yes, it's beautiful, but what can something so small mean for a big whale like you?"

Hilda thought for a moment. "I don't know," she said. "But I feel like it has a special significance."

A little later, while Hilda was swimming with the shell, she noticed how small creatures came to admire it. Tiny shrimp and colorful fish swam around her, drawn to the shimmering shell. Hilda realized that even though she was big, she could share her joy with the small creatures around her.

"Look, Hilda! The shell makes us all happy," said the fish. "It reminds us that beautiful things can come in all sizes."

Hilda nodded. "You're right! I thought I had to find something big to be happy, but this little shell has brought so much joy."

From that day on, Hilda always took the shell with her. She swam from reef to reef, sharing her joy with everyone she met. The shell became a symbol of beauty and friendship in the sea, and Hilda learned that even the smallest things can have great meaning.

And so, with the shell beneath the waves, Hilda swam through the ocean, filled with joy over the little things in life.

Den Kloke Ugle og Den Tapte Stjernen

I en fredelig skog bodde det en ung ugle ved navn Olli. Olli var kjent for sin visdom og elsket å dele historier og kunnskap med de andre dyrene i skogen. Han fløy høyt over trærne om natten, og hans kloke ord ble hørt av alle.

En kveld, mens månen skinte klart, hørte Olli et mykt gråt. Nysgjerrig fløy han mot lyden og oppdaget noe glitrende på bakken. Der, mellom bladene, lå en vakker stjerne som het Stella. Hun glødet svakt og så trist ut.

"Hva er galt?" spurte Olli, og svevde ned for å se nærmere.

"Åh, kjære ugle," sukket Stella. "Jeg har falt ned fra himmelen, og jeg savner nattehimmelen så mye. Jeg vil tilbake hjem!"

Olli tenkte seg om. "Jeg skal hjelpe deg med å finne veien tilbake til himmelen, Stella. Sammen kan vi klare det!"

De begynte reisen gjennom skogen for å finne det høyeste punktet, hvor Stella kunne nå himmelen igjen. Underveis møtte de forskjellige dyr. Først kom de over en smart rev.

"Hvor skal dere?" spurte reven nysgjerrig.

"Stella har mistet veien hjem, og jeg hjelper henne å komme tilbake til himmelen," forklarte Olli.

Reven smilte. "For å komme til himmelen, må dere tro på dere selv. Det er styrken i deres hjerter som vil hjelpe dere."

Videre på reisen møtte de en vennlig hjort. "Husk at vennskap er viktig," sa hjorten. "Sammen er dere sterke. Hjelp hverandre, så vil dere lykkes!"

Sist, men ikke minst, kom de over en leken kanin. "La oss ha det moro på veien!" sa kaninen. "Livet er en reise, så nyt hvert øyeblikk!"

Olli og Stella lyttet til dyrenes råd. De forstod at det å be om hjelp og ha venner gjorde reisen mye lettere.

Etter mye vandring kom de til den høyeste treet i skogen. Det strakk seg mot himmelen som om det ønsket å berøre stjernene. Olli sa til Stella: "Nå er det på tide å skinne klart! Bruk lyset ditt til å løfte deg opp til himmelen."

Med hjelp fra alle vennene sine samlet Stella all sin styrke og begynte å gløde. Hun svømte oppover i luften, og med et vakkert lys strålte hun som aldri før. Olli og de andre dyrene så beundrende på.

"Takk, Olli! Takk alle sammen!" ropte Stella mens hun steg oppover mot nattehimmelen. "Jeg vil skinne for dere og se over dere fra nå av!"

Olli smilte, og hjertet hans var fylt med glede. Han reflekterte over eventyret og betydningen av å hjelpe andre. "Vennskap kan skape magi," tenkte han, "og noen ganger er det reisen som teller mest."

Og slik, med Stellas lys skinte klart i natten, fløy Olli hjem, lykkelig over å ha hjulpet en venn.

The Wise Owl and the Lost Star

In a peaceful forest, there lived a young owl named Olli. Olli was known for his wisdom and loved to share stories and knowledge with the other animals in the forest. He flew high above the trees at night, and his wise words were heard by all.

One evening, while the moon shone brightly, Olli heard a soft cry. Curious, he flew toward the sound and discovered something shimmering on the ground. There, among the leaves, lay a beautiful star named Stella. She glowed dimly and looked sad.

"What's wrong?" asked Olli as he swooped down to take a closer look.

"Oh, dear owl," sighed Stella. "I have fallen from the sky, and I miss the night sky so much. I want to go home!"

Olli thought for a moment. "I will help you find your way back to the sky, Stella. Together, we can do it!"

They began their journey through the forest to find the highest point where Stella could reach the sky again. Along the way, they met various animals. First, they encountered a clever fox.

"Where are you going?" asked the fox curiously.

"Stella has lost her way home, and I'm helping her get back to the sky," explained Olli.

The fox smiled. "To get to the sky, you must believe in yourselves. It's the strength in your hearts that will help you."

As they continued on their journey, they met a friendly deer. "Remember that friendship is important," said the deer. "Together, you are strong. Help each other, and you will succeed!"

Last but not least, they came across a playful rabbit. "Let's have fun along the way!" said the rabbit. "Life is a journey, so enjoy every moment!"

Olli and Stella listened to the animals' advice. They understood that asking for help and having friends made the journey much easier.

After much wandering, they arrived at the tallest tree in the forest. It stretched toward the sky as if it wanted to touch the stars. Olli said to Stella, "Now it's time to shine brightly! Use your light to lift yourself back into the sky."

With help from all their friends, Stella gathered all her strength and began to glow. She floated upward into the air, shining more beautifully than ever. Olli and the other animals watched in admiration.

"Thank you, Olli! Thank you, everyone!" cried Stella as she rose into the night sky. "I will shine for you and watch over you from now on!"

Olli smiled, and his heart was filled with joy. He reflected on the adventure and the importance of helping others. "Friendship can create magic," he thought, "and sometimes it's the journey that matters most."

And so, with Stella's light shining brightly in the night, Olli flew home, happy to have helped a friend.